그래 그랬구나

혜연 지음

흘린 눈물에는 애환이 있었을 것이나
감추지 못하는 웃음에는 사랑스러움도 있었을 것이다.

풀밭에 피어나는 풀들이
누군가 자리를 내어주어 피어나는 것이 아니듯

천 번의 바람으로만 꽃이
되는 것이 아니듯

용기를 내는 것에도 뜻과 함께 내어야 했다.

그래, 그랬구나

한지 공예

고목에 꽃이 오르면 신기한 것인가
아니면 아름다운가!

그래 그랬구나

혜연

꽃피고 열매 맺는 동안
가을은 또 얼마나 울었을까요

한지화 | 사이즈 42 x 55

한지 그림

태생의 뿌리 먼 인연으로
천년을 보냈다는 걸
알아줄 이 뉘 있으랴마는
더러 엉킨 타래 풀어
비할 수 없는 영혼을 빚으며
알 수 없는 공간에 머물며 묻곤 한다
굳이 삶을 잉태하는 데
비장함을 넣지 않아도 되는 것이라면
짧은 삶으로 긴 여백을 빚는 손길
찰나 돌부처 형상의 갓바위 오르는
이들은 우담바라와 이끼들에게
살아 있음을 확인하는 것이리라
한 올 한 올 숨을 불어 놓고서
한 손 한 손 물먹은 질감은
하늘 되고 땅 되는,
산이 되고 물이 되어 흐르는,

나무와 풀 그리고 꽃으로 피어난다
새벽이슬에 미소 짓는 연기처럼
들려오는 물소리를 바람에 날린다
세월의 무늬 새기는 희열의 끝에
이내 영혼이 들어가는 것을 보고서야
뉘, 혼자만이라 할까

아름다움은 홀로 있는 것은 아니었으니
흐뭇한 몸짓으로 풀 묻은 손을 씻으며
끝내는 미소 짓는다

한지화 | 사이즈 51 x 71

서문

천개의 바람꽃이 피는 길목에서 부질없이 시간을 기원한다는 건 아마 철없이 살아온 지난 삶의 아쉬움 때문일 거다. 물론 그냥 산 것은 아닐 테지만 돌아보면 늘 아쉬운 삶이다. 실과(實果) 한 알이 맛을 내기까지는 햇살과 바람 그리고 번개와 천둥을 수없이 맞았을 것이고 또한 어둠 속에서 뼈저린 눈물도 흘렸을 것이다. 그러나 때로는 내가 맺은 열매들에 사랑과 기쁨을 만끽하기도 했으니 그런 면에서 인생은 참으로 오밀조밀하게 걸어볼 만한 길이다.

무심하다 하여도 그런저런 것들을 잊고 살아온 건 아니다. 성큼 와버린 즈음에서야 이를 알게 되었다. 돌아오지 않을 흔적에 마음까지 따라가진 않아야겠다는 생각이 부쩍 들면서 늦게라도 졸작들을 정리해 보겠다고 용기를 내었다. 이런 면에서 이 시집은 그 무엇도 아닌 필자만의 느낌과 감정, 그리고 서정의 모둠이라고 보면 무리가 없겠다.

 풀밭에 피어난 풀처럼 낮은 땅을 딛고 살면서도 꽃을 향하여 꽃이 되고자 했고 그 향기를 사랑으로 여기고 누군가의 관심 받기를 희망했다는 것도 감추지는 못한다. 거부할 수 없는 세월의 유혹이기 때문이다. 비단 과욕이라 할 수 없는 그것이 나만을 위해서가 아닌, 나를 아는 이들에게도 기쁨이 되고 힘들었던 지난 삶에 웃음과 상큼한 공감을 줄 것으로 믿었기 때문이다. 나름 그러한 공감각적 삶을 영위했다고 해도 무리는 아닐 게다. 허나, 하나를 이루면 다른 하나를 놓아야 하는 것임을 알면서도 더러는 그를 놓치고 왔을 것이다. 그럼에도 불구하고 순수한 이기심의 모순처럼 기댈 곳이 있으면 마음에 없는 떼를 쓰듯이 부질없다는 것을 알기까지는 여러 가지 경로를 통한 동기부여도 요구되었다.

 얼마나 주어지는 것들이 더 있을까! 더 바라는 것이 아니라 남아 있는 것을 확인하고 싶은 것이다. 운영하고 있는 안나갤러리 카페는 팔공산 갓바위 올라가는 초입에 자리하고 있다. 한적한 곳이다 보니 하루 온종일 혼자일 때도 허다 하나 가끔 찾아주는 귀한 걸음에 감사하고 그들과의 소통을 통해 영혼이 맑아지고 삶이 풍요로워지는 느낌을 받기도 한다. 그래서 그렇다고 할건 나이들어가면서 자꾸 감사할 일이 많아진다는데 있다. 카페에 찾아온 분들에게 지면을 빌어 새삼 고마움을 전한다. 또한, 그분들과의 세상 사는 이야기를 통해 뜻하지 않게 좋은 그것들이 업을 운영하는 작은 보람이기도 하다.

또 그러했다. 잔잔한 수면에 퍼져가는 물안개처럼 삶을 몽환으로 이끌어 세속의 흐름을 잊게 하듯이 삶 속에서 스스로 잊곤 하는 것들이 적지 않다. 살아오면서 얻은 것도 있으니 시련의 극복과 함께 가을 햇살에 곡식이 영글 듯, 삶의 아름다운 것들을 모아 그간 만져오던 작품들에 미학적 어휘를 넣어 보는 것이다. 그것이 소소하고 별것 아닐지라도 필자를 기억하는 이들에게 작은 기쁨이 되었으면 하는 바람이다.

그러기 위해서는 주저앉지 않아야 했다. 나이는 숫자에 불과하지 않지만 그럼에도 남아있는 시간이 얼마인지 알 수 없으나 나무 그늘에서 갈색이 되고 흙이 되는 것에 두려워하지 않기로 했다. 다시 마음을 다지고 천 번을 맞아 피어난다는 꽃처럼 무어라도 극복하리라고 마음을 굳혔다. 힘든 한 생을 보내는 것이 어디 필자뿐일까. 육신만이 아니라 의지로도 살아가니 말이다.

 풀밭의 풀로 살아왔든 아니면 풀밭의 꽃이었든 그것이 이제 와서 그리 대단한 건 아닐 것이다. 시간과 공간은 누구에게나 동일하게 주어지며 각자 주어진 역할에 따라 신실하게 삶을 수용할 것이기에 이 시집을 읽는 이들에게 위로와 함께 위안의 동행을 권하고 싶을 뿐이다. 필자의 첫시집 〈그래. 그랬구나〉가 소중할 것이나 주목받지 않아도 밤하늘에 빛을 내는 별처럼 소박한 한 줄기 빛이 되기를 소망한다.
 남다른 삶이었으나 작은 풀꽃처럼 아담하게 그리고 이름 모를 풀들의 흔들림처럼 흥얼거리는 마음을 담고 싶은 것이다. 동행하던 이들과의 합창으로 말이다. 나이 여든에 즈음하여 무수한 것을 담은 보따리같이 그 뜻을 옮기려 했던 이 시집이 그런 이들의 동행이라고 하면 얼마간은 부끄럽지 않을 듯하다.

고목에 꽃이 오르면 신기한 것인가 아니면 아름다운가! 그저 늙는 것이 아니라 익어가는 것이라고 억지를 써보지만 여든이란 나이는 분명 뜻만으로 극복하기 쉬운 숫자는 아니다. 만물의 한 생명체로 살면서 때와 절기를 거스를 수는 없고 세월을 가로막을 순 없으니 낙엽처럼 져가는 것이 아닌가 하는 마음에 가끔은 주저앉고 싶을 때도 있다.

'살며,' '사랑하며,' '아름답게 받아들이며' 나는 어떻게 그리고 무엇을 생각하며 세상의 흐름 속에서 삶을 꾸려왔는가를 되새김질하자는 것이다. 고목이 그렇지 않은가! 풍파에도 당당하게 맞서며 아름답게 꽃과 이파리를 피워내었고, 또한 뜨거운 햇살을 가려주는 그늘이 되어 편안한 쉼터를 만들어주기도 하지 않는가! 살아있는 것은 모두 신성한 것이다. 이르고 싶은 건 '나이가 우리가 아니라는 것이다.' 나이는 뜻을 잃을 때 헤어 보는 나약한 몸짓이다. 그저 살아있는 날까지 사는 생명체로서 아름답게 익어가는 것이다. 설령 늦바람에 기어이 꽃을 피우려는 고목이라고 해도 그렇다. 그동안 습관처럼 가슴 한편에 비워두고 수시로 드나드는 자연이나 사물, 그리고 환경에서 친구를 만들어 같이 놀기도 하고 때로는 울고 웃으며 걸어왔으니 흘린 눈물에는 애환이 있었을 것이나 감추지 못한 웃음에는 사랑스러움도 있었을 것이다. 겨울에도 상고대가 고이 피어나듯, 하물며 알 수 없는 세상살이에 익어 간다는 것은 의지와는 사뭇 다르다.

 이에서 인지되는 모든 것을 안아서 받아들이고 즐기는 것들이란 간혹 반복되는 일상에서의 일탈을 꿈꾸는 것일 수 있다. 가보지 못한 곳으로의 여행처럼 배우자와의 만남이 그렇고, 자식 그리고 벗들과의 모든 인연이 있기에 혼자만의 사색과 그림을 그리는 일이나 글쓰기는 그간 준비해 둔 마음의 여백도 가능했을지도 모른다. 십오여 년 전 처음 암 선고를 받고 체력에 한계를 느끼게 되어 '아무것도 할 수 없겠구나'라고 낙심했을 때, '내 인생 아직은, 그리고 이건 아니잖아' 싶어 몸부림치던 때가 있었다. 뜻으로만 되는 건 아니다. 나이란 것이 때에 맞게 조화를 이루며 할 수 있는 것을 찾아 삶의 미학을 갈망하면 가능한 것이라 여겨진다. 필자가 의도하는 일탈이란 그런 것이다.

 지금도 문을 열어두고 있는 작은 갤러리 겸 카페가 있지만 이것만으로는 필자가 원하는 삶의 알맹이를 채울 수 없었다. 그때 또 하나의 재밌는 일탈을 만나게 되었다. 필자에게 찾아온 글쓰기가 그것이다. 병원생활할 때나 투병 중에도 휴대전화기는 유일한 친구였다. 그때그때 느끼는 감정들을 메모하는 것이다. 자력으로 할 수 있는 것이 그것이었고 전화기는 필자의 유일한 소통의 통로이자 수첩이었다. 글이 주는 매력이 무언지 아직도 단정하며 확언할 수 없다. 그저 짧은 한 단어라도 적지 않으면 굶은 끼니처럼 감성의 허기증을 느낀다. 그렇게 낙서처럼 쓴 글이 시(詩)를 닮아 있는지는 솔직히 부끄럽다. 〈그래, 그랬구나〉가 세상에 나오게 된 배경이다. 이 글을 쓰는 이 밤에도 별이 빛난다. 그 별들을 올려다보며 '나는 과연 시(詩)를 알고 짓는가?'라는 반문을 반복하고 있다. 문학에 관심을 두어도 무수한 이들이 생산하는 작품에 비견될 수는 있을까 하는 혼잣말로 묻고 답하면서 풀밭에 피어나는 풀들이 누군가 자리를 내어주어 피어나는 것이 아니듯, 그리고 천 번의 바람으로만 꽃이 되는 것이 아니듯, 용기를 내는 것에도 뜻과 함께 용기를 내어야 했다. 그리고 그 뜻에는 지인의 권유도 한몫했다. 슬쩍 못 이긴 척 흔들리는 잎새처럼 말이다. 〈다시 읽어보는 명심보감〉 저자인 박제서 님의 권유로 모아둔 습작들을 한데 묶어보려고 마음먹고 나서부터는 밤잠을 설치기도 했다. 또한 큰딸 연희의 지지도 큰 힘이 되었다.

흰머리 소녀가 되어 한 밤을 보내는 필자는 건강이 살짝 염려스러우면서도 가슴에 깊은 숨을 들이키도록 설렌다. 그동안 미처 조우하지 못하던 것에서 희열이 일었다. 동시에 이제는 어쩌나 하는 두려움도 없지 않다.

현재 운영하고 있는 갤러리 겸 카페를 찾는 이들에게 따스한 한 잔의 차로 기쁨을 나누고, 한지 그림과 시 쓰기를 통해 같이 소통하고 공감할 수 있다면 결단코 이타의 과욕은 아닐 것이다. 더불어, 필자에게 한지 그림과 글쓰기는 둘이 아니다. 캠퍼스에 꿈을 뜯어 붙이는 작업이나 하루에 끼적거린 글들을 정리하는 건 허구와 허상을 보이는 생명체로 만드는 또 다른 자연의 태동이다. 하루하루를 뜻있는 것까지는 아니더라도 솔깃하게 들려올 재밌는 스토리텔링은 될 것이다.

무언가 할 말이 있다고 하여 예에 이르렀다. 효율적이고 생산적인 문구와 말들이 넘쳐나는 시대에 혹 보잘것없는 필자의 한 줄 한 줄이 그에 요긴하지 못하고 또 하나가 보태어지는 건 아닌가 하는 염려도 적지 않다. 그러나 혹여 필자와 같은 문학의 문외한이 생각했던 것에도 누군가에게는 미약하나마 새삼 용기를 얻는 동기가 되었으면 하는 마음에서 조심스럽게 밀어본다. 이〈그래 그랬구나〉가 나오기까지 도움을 준 모든 분들께 감사를 아낄 수 없다.

 팔공산 갓바위 대자연의 자애로운 눈길을 받으며 '안나 갤러리카페'를 찾아 주시는 분들, 캘리그라퍼 이종재님과 시원 박태후 화가님, 출판에 수고많이 해주신 김수니님, 사진작가 정미경님, 서평에 응해주신 정항석 박사님 그리고 지금껏 필자의 곁을 사랑으로 그리고 자애로 같이한 가족의 지지와 배려에 고마움과 감사를, 지면을 빌어 전한다.

팔공산을 바라보며
2023년 6월 혜연 손덕출 배상

차례

1. 몽돌 친구야 / 35

- 무궁화 / 37
- 솜다리 사연 / 39
- 고희를 깁다 / 40
- 석류 / 42
- 엄마라는 두 글자 / 43
- 별꽃이 폈다 / 44
- 잃어버린 길을 찾아서 / 45
- 어느 2월의 단상 / 46
- 국화꽃 피기까지 / 47

차례

② 갈대꽃이여 안녕 / 51

올 추석에는/ 53

우리 둘/ 54

사는 이유 하나/ 55

어머니 손톱 1/ 57

어머니 손톱 2/ 59

어느 눈물에는/ 61

어느 날 갑자기/ 63

노송1/ 64

노송2/ 65

차례

3 찔레꽃 / 69

붙들지 않으리 / 70

괜찮아 / 71

친구야 / 73

너처럼 / 75

그런 날 / 77

지금처럼 / 79

비 오는 날 / 80

흐르는 물소리 / 81

엄마 사랑 / 83

차례

4 코스모스(한지그림) / 87

쓰다만 편지/ 89

노숙하는 이들/ 91

연민/ 92

세 잎 크로버/ 93

이별 인연/ 95

온정의 뿌리/ 96

개망초/ 99

연산홍/ 101

호미/ 102

차례

5 산다는 것은 / 105

내 작은 사랑아 1/ 107

내 작은 사랑아 2/ 109

오래된 감나무/ 110

일개미/ 111

잠 못 이루는 밤에/ 113

시간의 편견/ 114

짐작/ 115

꿈길/ 117

연리지/ 118

차례

6 손바느질 /121

외로움 / 123

엉겅퀴 가시에게 / 125

버려진 선인장 / 126

삼배 홑이불 / 127

피라미 / 129

거미줄의 이해 / 131

흰머리 소녀 / 133

아카시아꽃 / 135

하늬 바람 / 137

차례

7 해돋이 / 141

단비 단상/ 142

인연에 대하여/ 143

사랑한다는 말은/ 145

가을 지평선/ 146

익어 간다는 말/ 147

초야에 시든 달맞이꽃/ 148

귀향의 시련/ 149

칠월 이야기/ 151

희생/ 152

차례

8 늦가을 비는 붉다 / 155

詩꽃 피우는 여자/ 157

기다림을 녹이다/ 159

댓잎에 이는 바람소리/ 160

연愛/ 161

복사꽃/ 162

흐르는 걸음/ 163

본향/ 164

눈 쌓인 아침/ 165

휴식/ 167

작은 소녀의 호미 이야기/ 168

"안나갤러리 카페"

여행처럼, 혼자만의 사색

한지화 I 사이즈 22 x 15

차례

1 몽돌 친구야

무궁화

솜다리 사연

고희를 깁다

석류

엄마라는 두 글자

별꽃이 폈다

잃어버린 길을 찾아서

어느 2월의 단상

국화꽃 피기까지

몽돌 친구야

그랬구나
짠물에 아리기도 했겠다
그냥 구르면 될 것 같아도
편히 있을 리도 없었을 테니
나처럼 파도에 할 말도 많을 게다
네 손금은 파도에 지워지고
내 손금은 세월에 닳아지고
너는 네가 되고
나는 내가 되기까지
어찌 너와 내가 다를까
홀로 고달프지 아니하였으니
더 할 말이 있다는 건
서로 닮았다고 하자구나
해거름에 노을이 아름다울 때면
친구라 부르며
가끔 놀러 와도 되겠지

한지화 I 사이즈 33 x 21

무궁화

다섯 폭 치맛자락 돌돌 말아 여미고
날듯이 앉아있는 무궁한 꽃

붉은 시방자리 행여 들킬세라
노란수술 절개 지켜 툭 떨어지는

삼십육 년 고통을 널 보며 건너와
꺼지지 않는 그리움 촛불로 밝힌다

아, 달빛도 서러워라 동양의 여인

오천년을 건너오는 소리 없는 한숨소리
쪽머리 은비녀 구름에 꽂는다

한지화 | 사이즈 34 x 24

38_혜연

솜다리 사연

허물없이 사는 사람 몇이나 될까
후회 같은 건 하지 말자
우린 살아 있잖아
그리고 넘치도록 채운 적도 없잖아
들풀을 볼 수 있는 지금이
얼마나 소중한지 우린 알고 있잖아
시샘 바람에 떨고 있는 맺은 꽃이 안 서러워
차라리 빨리 피고 져버렸으면 좋겠다 싶어도
우린 하늘을 원망한 적 없잖아
꽃은 희다 못해 유록빛 시를 쓰는데
서로 사랑하지 않을 이유 뭐 있겠어
깃털 멀리 날아 허공을 덮어주면
새봄 맞아 다시 만날 꿈이 있어 좋잖아

우린 또 그렇게 그렇게 사랑할 테니까

고희를 깁다

새벽 세시, 깨어있는 시간을 만지고 있다
한 땀 한 땀 기워가는 어설픈 손바느질
주머니 하나 덧대어 볼까 하다
실없는 웃음 피식, 무릎 위에 떨어진다

'얘야 늙은이는 영감 없인 살아도
주머니 없인 못 산다 카더라'
홀연 생각나는 어머님 그 말씀
그리움 되어 옛일 새록 하다

고희라는 낯선 이름
하얗게 물든 세월 돌아보니
알아차리지 못했던 어머님 사랑
오늘에야 가슴을 칩니다
시간 지나 언젠가는 어머님 곁에 가겠지요
그때 더 많이 혼내주시어요 어머님

갓 넘긴 스물여 철부지에 어머님 속
무던히 썩으셨겠지요
한 삼일 만이라도 따뜻한 밥상 차려놓고
예전처럼 마주 앉아 아비 흉
속 시원히 봤으면 좋겠네요

한 땀 한 땀 바느질에 옛 생각 기우다
창밖에는 바람 한 줌 없이 고요한데
문살이 희끄무레 열리는 것 보니
새날이 오려나봅니다

세월이 짧더니 밤도 길지가 않네요
늦게 철이 드나봐요
뵙고 싶어요
어머님
어머님

어머님 유품

석류

발간 브래지어 속
감추어진 열여섯 순정
초경의 수줍음 아랑곳하지 않는
순결의 몸짓이어라

때를 그리며
붉게 열리는 반달같은 삶의 움직임 있어
알알이 터져나오는 생명이오니

많이 낳아 잘 길러 나라 짊어질
일꾼을 내겠다는 큰 뜻 있었으니

가을날 초야, 들마다
듬뿍 비를 내리는 하늘이
알듯 말듯 한 눈짓으로 나를
유혹하네
은근한 흘김에 붉은 알갱이 다 흘리네

엄마라는 두글자

그리 겨웠을까나
두 평 남짓 토방에 홀로 누울 제
살강살강 눈 내리는 소리
청량한 계곡물소리
베갯잇에 젖어든다
소리 나지 않는 서러움
목젖 아래 켜켜이 쌓인 눈물
토할 수도 삼킬 수도 없는 꽃 진 자리에
밤을 견디는 저 하얀 풍경처럼
칠십 호 캠퍼스는 폭설을 그리는데
열두 달을 끌어안고 구들 목에 모로 누워
행여 새 날 올까 그믐밤 지세우면
바람은 쉽게 잦아들지 않고
엄마라는 이름으로
참 먼 길 돌아왔어라

또다시 엄마가 되어도
웃어줄 이들 있음에 사랑이라 말하리라

별꽃이 폈다

삶의 조각 망각에 꺼내어도
어제의 추억은 빛난다
회오리바람 따라
좋았다는 그때로 돌아간다 한들
어쩔 수 없을 거라는 변명은
아픈 하늘의 회한이다
그저, 그저 견디며
지금에 이른 것이라 하면
순간순간이 너무 서럽지 않은가
바람보다 햇살이 많았다 기억하는 건
지난겨울의 혹독함 덕분일 게다
새삼 다가오는 느낌처럼…

잃어버린 길을 찾아서

스물에서 한 번
마흔에서 또 한 번

고희를 넘어 숨찬 그 산 길
그 숲에서 길을 잃었다

발가벗은 몸들을 매만져 보는
돌이킬 수 없는 나의 일기

기대선 하늘 우러러 되물어보지만
답을 찾지 못한 채 숲길에서 해매고 있다

한 일 년 더 살고 나면
잃어버린 그길 찾을 수 있을까, 자작, 자작, 자작

어느 2월의 단상

팔공산 오솔길 비개인 오후
어제까지 입술이 타던 야산 비탈
바위에 매달린 이끼들 목축이기 바쁘고
푸석한 돌 더미는 푸른 장단 두드린다

섶다리 건너오는 꽃샘바람
무슨 사연 풀어내려는지
가랑잎 바람 귀에 내어주고
젖은 목소리로 속삭인다

지난 겨울 하도 가물어
굶주린 사연 바시락바시락 적어내는 것일게다

비탈길 그늘에 조아리던 봄 햇살
아랑곳 하지않고 복수초 옆에 앉아
괜찮아, 춥지, 살갑게 보듬는다

국화 꽃 피기까지

누구라도 그러하듯이
무거운 흙더미 떠받히고
세상 밖으로 나올 때쯤
그때도 지구는 둥글게 굴러갈 것이기에
흰머리 소녀는 매일 아침
물을 주며 이제나 저제나 하겠다

가끔은 여름 장마 끝에 오는
천둥의 번쩍임에 놀라기도 하겠고
지나가는 바람의 잔소리도
피할 순 없을 게다
뜨거운 햇볕도 차가운 이슬도
어둠에 떨며 맞을 새벽까지 말이다
풍요로운 가을이 오면
마침내 씨를 심은 이의 기쁨이 되고
지나가는 행인들의 詩로 담길 테지
세상 어느 것 하나 영원할 수 있겠나

장담할 수 없는 자연의 섭리에 따라
무서리도 기꺼이 맞을 수밖에

순간, 국화꽃 피기까지
가을 빗방울 후드득 지나간다

차례

2 갈대꽃이여 안녕

올 추석에는

우리 둘

사는 이유 하나

어머니 손톱 1

어머니 손톱 2

어느 눈물에는

어느 날 갑자기

노송1

노송2

한지화 I 사이즈 100 x 65

갈대꽃이여 안녕

혼자 산다는 것은
물안개 너머로 오는
풍요로움을 즐기는 일이기도 하다

텃밭에 뿌려놓은 꽃씨는
서쪽 하늘의 별빛이 되고
어둑한 창가의 달빛 벗하여
이별의 시를 읊기도 한다

먹구름 그림자 떨어지고
스산한 갈바람 마른 목소리에 걸리는 시간
잿빛에 떠나는 이유를 그리고
동그란 소리로 바람의 꽃피우면
이제는 홀로 걸어가야 할 때
은빛 갈대꽃 자유를 노래하고
처마 끝에 떨어지는 물방울 소리에
조용히 두 손 모은다

한지화 l 사이즈 34 x 24

52_ 혜연

올 추석에는

가을이 푸른 것은 아직 때가 덜 찬 탓일 게다
나락은 두렁 바람에 흔들리고
허공 예이는 기러기 떼 멀리 사라져 가는데
초가을 햇볕에 겨워 여무는 벼 이삭 고개 숙이면
하얀 쌀밥 지어 한 밥상에 나란히 앉을 때는
까마득한 옛일이 되었다

때를 정할 때부터 기다림일뿐
벼 이삭이 아직 고개 숙이지 못하는 까닭처럼
오지 못한 그들의 삶에는 이유가 있을 거라고
문설주에 기대서서 가슴 슬어 내린다
얼마나 더 기다릴 수 있을까
더더 기다려야 한다

"엄마" 하는 순간 구름은 걷일 것이고
빛을 받은 웃음소리는 담을 넘을 것이다

우리 둘

너는 나를 보고
나는 너를 보며
모자라서 오래 사랑할 수 있다면
난 기꺼이 모자란 채로 살겠어
지금 이 순간 살아 있고
우리에게 사랑이 넘치게 있잖아

사는 이유

음력 이월
생강나무는 봄을 나눌 줄 안다

가녀린 가지에
실낱같이 작은 꽃 이른 봄볕에 달아놓고
살랑살랑 바람에 노닐 때
비켰다가 덮었다가 하는 건
키 낮은 제비꽃을 배려하는 것이었어

가던 걸음 멈추게 한다

한지화 l 사이즈 45 x 37

어머니 손톱 1

어머니 손톱은 검회색이었다
사랑채 쇠죽솥에 펄펄 끓어오르는
누런 물 서너 바가지
너른 옹기에 퍼 담아 숯 가루 짙게 풀어
허연 광목 검게 물 들이시던 어머니

밤이면 까만 등잔불 밑에 왼쪽 무릎 세우고
잿빛 그 손으로 고이고이 쓰다듬어 밤늦게까지
바느질하시더니

봄 소풍 가는 날 아침에는
숯 물들인 검은색 치마
하얀 광목 저고리 차려 입혀 주시었다
안방 시렁 위에
언제 사두었는지 하얀 운동화 꺼내시어
언니 눈치 봐 가며 신겨놓고는

검푸른 그 손으로 쓸고 또 쓸어 주시던 당신
오늘 왜 이리 그 손길이 그리운지
더는 쓸 수가 없어요 어머니

어머니 손톱 2

늦여름 장마 끝에
그때처럼 꽃잎 따서
옛 생각 함께 넣어 콩콩 찧었더니
눈물 半 꽃물 半 질벅한 그릇에
어머니 좋아하시던 기명 色 꽃이 폈다

열 손가락 손톱 위에 그리움 얹어
굵은 실 길게 풀어 칭칭 감아놓고
어머니 손톱인 양 호호 불었더니
"야야 그래가 어느 천년에 다 마리노"
부채 끝에 이는 바람 소리
영락없는 울 어머니 음성이네

어머니 생전에 그토록
좋아하시던 그 꽃이 열 손가락 끝에 붉다

수채화 | 사이즈 50 x 31

어느 눈물에는

발걸음 봄 소리에 취하고
처마는 밤부터 새벽까지 울었다

풀어내지 못한
뼈아픈 그 사연
서랍 속 그리움 되어
베갯잇에 젖어든다

남몰래 흘리는 몇 방울은
진주로 여기고서
그냥 못 본 척해 줬으면 좋겠다

한지화 l 사이즈 50 x 31

어느 날 갑자기

세상 다 속일 수 있다 해도
제 육신을 속일 수는 없는 일
모를 때가 차라리 좋았다
모래성 같은 자신과의 싸움
일어서야 할 때 쓰러진다는 건
절망의 늪 그 자체였다
누구도 대신해 줄 수 없는 삶
다시 마음 다잡아 보기로 한 날
그 손님은
예고도 없이 또 찾아왔다
꽃그늘 밀고 음습해오는 두려움
그러나 끝까지 믿어보기로 한다
현대 의학과 모란의 의지를
그리고 하늘 우러러 모란을 가장 사랑했을
내 아이들의 눈물에 의탁해 보기로 한다

달갑지 않지만 내게 온 인연이니
사는 날까지 잘 다독일수 밖에…

노송 1

얼마나 더 세월 보내야 알 수 있을까
언제쯤이면 그것 얻을 수 있을까

세월 베고 누운 나무들은 말이 없고
뉘라서 아는 듯 모르는 듯
잊은 듯 모두 그렇게, 그렇게 고요히
밤하늘의 희미한 별처럼
오르는 이끼를 받아 준다

겉껍질로 살던 세월, 더는 시간을
빌릴 수 없다는 것을 알 때쯤에야
노을은 붉게 타올랐다

노송 2

어쩌면 이미 알고 있었을 테다
아니라고 부정하고 싶었을 뿐
누구도 말을 하지 않아도
몸짓으로도 흔적은 삶의 산고가 된다
세월 받던 소나무가 그렇고
세월 빌지 않던 노송이 그렇고
등을 빌어야 세워둘 수 있는 걸음에도
세월은 비켜가지 않으니
밑에서 보던 것과는 다르고
위에서 보는 것과 다르다는 걸
이르지 않아도 아는 것이다
고이 계절 앞에 고개 숙이고
떠나야 할 때를 몰라도
그때가 되면 홀연히 떨어질 것이려니
그것이 산에 오르는 까닭이 되고
그것이 산을 찾는 이유가 되더라도
네 앞에 그리고 내 앞에서

다 같이 아는 것을 내놓는다
아름다운 것으로 익어가자고
둘은 마주 보고 서 있고
소나무는 말이 없고
나는 잠시 그의 등을 빌린다

차례

3 찔레꽃

붙들지 않으리

괜찮아

친구야

너처럼

그런 날

지금처럼

비오는 날

흐르는 물소리

엄마 사랑

한지공예

찔레꽃

싱그러움이 뚝뚝 떨어지는 5월
마당에 내려앉는 볕이 아까워
행주 서너 장
티끌 걸러 고이고이
순정에 씻어 놓고
꽃이 피어나기를 지켜보고 있다

한 송이 찔레꽃 피우기 위해
그늘에서 바람에 타고 오는
볕을 임의 숨결이라 여기며
기다리는 삶에도
때로는 스스로 가져야 할
용기와 위로가 필요했으니

햇볕 냄새 즐기는 소소한 재미
하루 중 맛보는 이 즐거움을
무엇에 비할 수 있을까

소박한 여자의 이 작은 행복을
남자가 어찌 알겠나

붙들지 않으리

몸이야 늙어 검은 꽃 피겠지만
그 마음자리 희고 희어서
속살 파리한 맑은 자두 꽃
그 꽃 한 송이
흐르는 달빛에 피워낼 수 있다면
나
그 세월
붙들지 않으리

괜찮아

'이렇게 혼자 있으면 적적하지 않나요'
창문으로 들어오는 달빛에게 종종 듣는 말이다

이 밤, 뉘라서 외롭지 않을까!
달빛,
그런데 말이야
아주 가끔은 가벼운 걸음 내딛고 싶을 때도 있었어
때로는 창밖으로 너울거리는
오동나무 넓적한 잎사귀에 바람 이야기도 듣고
이따금 굵은 빗줄기 문 두드릴 때
함께하는 까만 밤도 참 좋았거든

그래도 있잖아
어쩌다 함박눈 펑펑 앞이 보이지 않을 때
그런 때는
누군가 옆에 있었으면 참 좋겠다 싶기도 했어

이 힝, 그래도 괜찮아
혼자는 혼자가 아니야
이렇게 내 마음 들여다보고 말 걸어주는
달빛, 네가 있잖아

친구야

그 언제 그때처럼

친구야 그 끝자락에서도 아름답게 서자구나
떨어지는 꽃잎에 애환도 애써 보내려 하지 말자
애환도 삶이었으니 소중하다 할 것을
꽃잎이라고 어찌 슬픈 사연 하나 없었겠니
남아 있는 몇 개의 꽃잎에
간직해 두었던 사랑의 기쁨으로 물들여 보자꾸나
한 걸음 한 걸음 걸어온 자취가 그랬잖니

한때는 생생한 나무였다가
한때는 바람에 쓰러질 듯 여리었다가
가지 끝에 떼어진 이파리쯤
괜찮다고 할 때도 있었지

그러다가 백운이 머리에 성큼 내리고
흐르는 물길에 낙엽과 같이

그 끝에 여울지는 노을이 아름답다 하는데
빗물에 걸리는 꽃잎이 고개 떨구는 걸
이제는 받아들이자꾸나
그러고도 시간이 남거들랑
가슴속 텃밭에 애틋한 사랑 하나 심자꾸나
꽃보다 아름다운 고고한 사랑을 말이야
새빨간 장미가 아니어도 고운 단풍잎으로
이산 저산 바람 따라 여행을 떠나자꾸나
비어있는 저 허공에 빛을 채우고
황혼에 낯설어도 가지에 쉬어가며
우리 그렇게 예전에 깔깔거리던 그때에 못다 한 걸
이제 예쁜 한 송이 꽃의 끝 무렵으로 피워 보자꾸나

너처럼

내가 원할 때 너는 지금처럼 있었고
네가 원할 때 나는 없었던 건 아닐까
아낄 수 없는 것들의 저항에도
한곳에 뿌리를 두고
오늘에도 내어주는 너처럼
나는 한 번이라도 등 내어 준 적 있을까

오래 기다리며 나만 모르는 편안함에
더 두고 보아도 너만 모르는 고마움에
어제처럼 등을 주고도
고목이 다 된 너는 아무 불평이 없구나
이제라도 누군가 편히 쉬어갈 수 있는
너처럼 닮아갈 수 있을지
돌아와 너무 늦지 않기를
너처럼
너처럼

수채화 I 사이즈 40 x 25

그런 날

비가 내린다
비가 올 거라는 예보는 없었는데
괜스레 마음부터 꼬꼽하다
어제 한 이불 빨래에 다행이라 생각하며
하얀 이불 호청을 갈아 끼웠다
감각이 무딘 나이에도 뽀송뽀송한 느낌은 좋다
그 속에서 이는 푸근함이 새삼 드리우고
아무 생각 없이 나오고 싶지가 않다

괜히 그런 날이 있다
비 오는 날이 그렇다
오늘 같은 날에는
좁스럼한 오솔길에 도란도란
친구와 우산 밑을 함께 걷고 싶다

그랬으면 참 좋겠다
아직도 비가 내리고 있다
슬며시 다리에 빗물이 튀기고
다시 이불을 끌어당긴다

한지화 | 사이즈 25 x 30

지금처럼

살아있는 것은 아름답고
아름다운 것은 살아 있어라
처음처럼은 아니더라도
지금처럼 안부를 묻는 건
살아있음을 확인하는 것이고
그러기에 지금이 가장 아름다워라

소중한 지금이다
가만히 있을 수 없어
존재하는 뉘라도
지금처럼
감사하다는 말을 전한다

비오는 날

오늘이라면 좋다
비 오는 날은 더 좋다
은혜사 운부암 가는 길이면 더욱 좋다
내려오는 길에
뜨뜻한 칼국수 한 그릇 후루룩
생각만 해도 좋다

내 생각 알까
곧바로 친구에게 톡을 넣는다
엄마 아파서 안 된다는 답을 받았다
서운함보다는 걱정이 앞선다
노인에겐 미래가 없다

정이 넘치는 하루다
타닥타닥 비 떨어지는 소리가 그렇다

흐르는 물소리

오늘따라 물살이 빠르다
어제 걷던 길 그 길인데
걸음이 바빠진다
어제 다르고 오늘 다르다더니
비가 많이 내렸나 보다
내린 빗물에 개울이 차고
흐른 물살에 더하여 불어났으니
묻지 않아도 더 바빴을 것이다
나는 세월을 쌓아가고
너는 여울에 흘러가며
어디에 가야 하는지
알고 가는 길이어도
자연스럽게 흘러갈 것이니
어제는 어제의 일이 있고
오늘은 오늘의 일이 있는 것이다

그렇게 하루가 하루에 익어간다

한지화 I 사이즈 10 x 38

엄마 사랑

왜 그랬을까요
감잎 빨갛게 물들어 갈 때마다
한 장씩 떨어질 때에도
엄마는 그랬습니다

'괜찮다 괜찮아'
'외롭지 않다'

왜 그랬을까요
보릿고개 넘기면서
보리숭늉만 드시고도
엄마는 그랬습니다

'아이고 배불러라'
'참말로 배부르데 이'

엄마의 거짓말 사랑은
가슴 미어지는 눈물입니다

차례

4 코스모스(한지그림)

쓰다만 편지

노숙하는 이들

연민

세 잎 크로바

이별 인연

온정의 뿌리

개망초

연산홍

호미

한지화 I 사이즈 95 x 65

코스모스 (한지 그림)

흐린 날 오후
네가 보고 싶어 걸음 옮겼다
역시나 너도 기다렸다
쓰다만 편지에 빠진 글씨처럼
절벽 강둑에서 외롭고 서럽기도 했으련만
변함없이 기다린 너의 마음에
그곳 어디에도 사랑이 피어난게다
한지에서 묻어나고
강둑의 그림에서도 사랑이 피어난게다
오롯이 홀로 걷는 길이라 하여도
믿고 기다리는 건 사랑이고
역시 마음에서 이는 설렘이다
어둠이 지나면 곧 해가 뜨고
들과 산도 맑아질 것이다
한 점 한 점 쏨을 넣어 두고
보이지 않던 그림자에도
햇살에 눈부시고

찾아오는 이들 있어 홀로 외롭진 않을게다
기다린다는 건 사랑한다는 것인 줄 안다는 거
마음으로 그린 그리움은 사랑이 되었다

한지화 | 사이즈 35 x 25

쓰다만 편지

봄이 창을 넘어오는 이 좋은 계절에
사랑 노래 부르는 노란 그 소리는
꽃가지에 여기저기 흩어지는데
윙윙 벌의 부산함이 마음 부추기니
병아리 솜털 같은 산수유 가지 끝에
오늘은 속마음 몇 조각 매달아 볼까 하네

며칠 전에 보고 온
연로하신 큰오빠 생각 가슴 아리고
하늘 간 몇 개의 별 만져지지 않는 안타까움
그것이 그리움이란 걸

이 보게 젊은 친구들
몇 세월 지나보면 다 보일 걸세
산수유 꽃가지 끝에 노랗게 매달린
쓰다만 저 편지 말일세

한지화 l 사이즈 26 x 18

노숙하는 이들

한 백 년을 돌아서 오면
노숙에서 벗어날 수 있을까
그도 아니라면 하늘의 비라도 될까
구름이 몰려드는 칠월의 도심
한낮에 본 그림들이 어깨를 짓누른다

온종일 달구어진 콘크리트 벽에
물안개 몸으로 번지는 헐벗은 그림들이
지하철역 계단 아래 기대서서
가망 없는 내일을 설계하는데
설핏 가장의 의무도 흘러나왔으니
인생사 뉘라서 다를까
어찌지 못해 중얼거리는 뼈아픈 소리들이
한밤에 내 영혼을 흔들어 깨우고

새벽 잠결
콘크리트 벽에 굵은 물줄기가 쏟아 진다

연민

외딴집 흙담장
휘어진 허리가 낯설지 않다
너는 누굴 위해
이 애지랑 날에
그 집 지키고 서 있는거니
담장을 넘은 붉은 미소에도
심상치 않을 어떤 사연 있길래
그리 슬프게 웃는거니
혹여 나도 저들처럼 울타리 안팎으로
뉘의 지킴이로 살고 있었는지

참 많이도 닮았다

세 잎 크로버

눈을 크게 뜨고
언제 웃어야 할지 물었다

한 잎 또 한 잎
찾아도 다시 찾아도
세 잎들뿐이다
오래 보지 않아도
자세히 보지 않아도
너는 싱그러움에 그냥 이뻤고
나는 찾는 내내 행복했다고

네가 그랬던 것처럼
네가 그랬던 것처럼

한지화 l 사이즈 47 x 55

이별 인연

쪽, 입 맞춤하고
돌아서가다 또 돌아보는 솔바람에
패랭이꽃향기 달콤했던 그 느낌을

잊지 못할 거야
잊지 못할 거야

겨울 헤어져 까맣게 잊었던 우리도
봄이 오는 날 이렇게 또 보게 되듯

인연이란 다 그런 거야
인연이란 다 그런 거야

이별은 또 다른 만남의 시작이란 걸
우란 알고 있잖아
패랭이꽃도 작약도 볕을 받아
맑고 밝게 활짝 웃는 날 오면
다른 기약을 위한 이별은
또 아쉬운 향기가 되겠다

온정의 뿌리

계곡 옆 나무그늘 아래
여리게 오른 한 포기 풀을 만났다

'어머나 반가워라'
'너 엄청 세련되다 얘'
'언제 온 거니'
'지난겨울은 너무 추웠지'
'캄캄한 땅 밑에서 힘 키우고 있다가'
'물 소리 듣고 올라온 게로구나'
'그랬어'

어제 내린 비는 제법 땅속
깊숙이까지 기별이 갔을게다

'나랑 가서 같이 살까'
'여긴 응달이잖아'

더 나은 환경 찾아볼까
올겨울엔 춥지 않도록 말이야
뽑아 옮길까 하는 순간
진정 이것이 잘하는 것일까
정말 지킬 수 있는 약속일까

계곡 흐르는 물소리 요란한데
멈칫 생각이 많아진다

한지화 | 사이즈 17 x 37

한지화 I 사이즈 34 x 24

개망초

참 보기 좋았다
골목마다 무리 지어 웅성웅성
잡초라 하여도 뉘 탓도 아닐 테다
네가 세상에 온 것에는 다 까닭이 있을 거라고
마음먹기 나름 이제
그럼에도 하늘 향해 눈 흘기지 않고
서로 보듬어 얼싸안고 하나 되어
장관을 이루는 너희들이 들판 야생화다
붉고 화려한 향기로 세상 앞서는 꽃보다
나는 외딴곳 불평하지 않는 네가 편하다

생각으로 다투지 않아서 좋다

한지화 I 사이즈 85 x 40

연산홍

꽃샘바람 시한 날에 탄식도 길 듯한데
연분홍 네 미소 봉긋이 붉어 갈 제
나 역시 그러했을지 너를 보고 웃노라

호미

봄을 기다리는 건
꽃과 나비뿐이 아니다
마루 밑 연장 통에서 잠들지 못하고
봄비 걸어오는 기척에 고개 든다
땅을 밀고 올라오는 푸른 소리 귀 기울인다
눈길 한 번 주지 않았던
자잘한 풀꽃에게 별이라 이름 짓고
진흙으로 뿌리 덮어 다독인다
이른 아침부터 사부작 콕콕 현을 켜는
호미와 대지의 협주곡은
마치 어머니의 마음처럼 포근하게 들린다

차례

5 산다는것은

내 작은 사랑아 1

내 작은 사랑아 2

오래된 감나무

일개미

잠 못 이루는 밤에

시간의 편견

짐작

꿈길

연리지

아크릴화 I 사이즈 95 x 65

산다는 것은

촛불, 응시하듯
산다는 것이 그러한 것인가

문득, 몽환에 드리우는 상념
그 조각들이 날아들고
겁에 질린 파리한 얼굴
가녀린 발목이 절규하고 있다
갈대숲 널브러진 샛강으로 뛰어가는
절박한 눈빛
고라니의 다급한 몸짓에 비바람이 서럽다

아, 울고 있다는 건
촛농처럼 살아있다는 것인가
누구나 산다는 건
또 저만치
뛰어야 한다는 것인가 보다

비는 거치고 고요한 들녘에
넉넉한 노을은 태산을 보듬었다

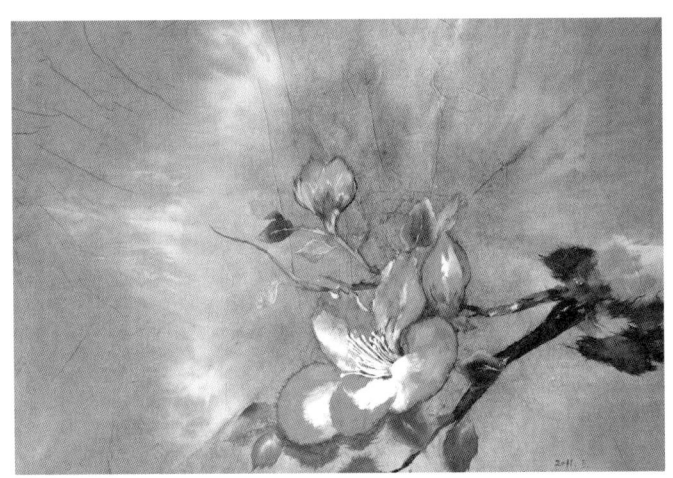

한지화 | 사이즈 70 x 50

내 작은 사랑아 1

아프지 마라
아프지 마라
통증이 산을 넘어 우는데
허공에 빈손 뻗어 기원하는 것 밖에
아무것도 할 수가 없구나
차마 울지 못하는 내 아픈 사랑아
소리 내어 울기라도 해라

부르고 또 불러 보는 이름
가슴을 가득 채우고도
꾹꾹 눌러 담아 놓았던 내 작은 사랑아

어찌할 수 없는 가련함에
두 손이 약이 되라고
두 손이 약이 되라고
그리하고도 어쩔 수 없이 아프거든
절반은 내게 나눠 주거라고

한지 공예

내 작은 사랑아 2

삶은 삶이더라
바람에도 눈이 있다는데
다행히 간밤에 내린 비로
목마름이 좀 가셔지더냐
짙은 안개 기운 모으고
뭉친 구름 시커멓더니
그 꽃에 약수로 내렸구나
그냥 지나칠 수야 없었을 테지
아무것도 잡지 못한다 하여
원할 때 내리는 비는 없더라
바위들도 토사에 깨어진다는데
가지 하나 삭아지는 고통쯤이야
참고 견디는 수밖에
빈손이 아리다마는
비온 뒤에 땅이 더 굳어진다잖니
삶이란 그런 거더라

오래된 감나무

늘 봄 햇살처럼
유난히 따사롭게 다가오는 건
시한의 혹독함에서 오는 것일 게다
먹구름과 천둥에 놀라고
비바람에 떨며
삶, 묻고 또 물어도 답은 없는데
해 넘어가고
밤 오기 전에
작년과 다르게
나뭇가지는 기울어져도
그 오래된 감나무에도 꽃은 핀다

일개미

옹이 든 소나무
그 향이 좋아서일까
세상을 전하겠다던 임을 가다리는 해는
어언 일흔에 이른다
오늘은 오려나 하마 오려나
전하는 소문 따라
작심하고 길을 나선 것도 바람이다
눈길, 멀리 가지 못하고
개구리 폴짝 뛰던 넓적한 연잎 위에
바람 스치고 볕이 누운 곁에
떠날 줄 모르고 한 곳에서
일생을 맴돌며 익어가는 삶이다

이대로 좋은가

한지화 I 사이즈 41 x 25

잠 못 이루는 밤에

멀리 보이는 고층 빌딩에서
새어나는 촘촘한 불빛이 낯설다
누구의 보금자리일 것이다
바람 같은 집을 그리며
그 꿈 이루지 못해 뒤척인다
그때도 어느 날
번개처럼 스치는 연향(香)을 두르고
소나무 그늘 아래
너와 지붕 도톰한 정자한 채 꿈을 그리다

무슨 생각에
무슨 까닭에

지었다 부수기를 수만 번인가
무수한 생각에 시각이 뒤엉키고
새벽 여명이 문에 걸릴 때까지
잠 못 드는 건 내가 아니라 밤이었던 걸
내가 아니라
너무 익숙하여 안락함을 모르는 나였다

시간의 편견

목욕탕에 발가벗은 그림들이 움직인다

초점 흐린 안경을 쓰고 살았을까
안타깝게도 눈이 잘 보이는 건
마음 아닌 마음이었다
아름답지 못한 것들이 자꾸 눈에 덜어올 때
의심하는 나의 찰나
영혼의 소리 듣는다
하얀 김이 오르고 다시 보이는 것은
전혀 달랐다
발가벗은 그림들이 참 아름답다
신의 섬세한 손길에 감탄한다
육신과 영혼의 교차점에 서성이며
초조해하는 삶에도
새로운 건 언제나 나를 기다리고 있었다
그동안 힘들었을 내 영혼에게 미안하다
아름다운 세상은 바로 내 안에 있었던 것을

목욕탕에 발가벗은 그림들이 다시 움직인다

짐작

춘삼월 바람이
벚꽃나무 가지에게
알아들을 수 없는 말을 하네요

이내 훨훨 꽃비 흩어지고
가벼운 몸짓으로 계곡에 떨어져
흐르는 물살을 타네요
어디로 가는지
전 알 것도 같습니다만
꼭 알아야 할까요
맑은 날 태풍이 없더라도
작은 바람은 있는 것처럼
꽃들에게도 비밀은 있을 테니까요

한지화 | 사이즈 37 x 44

꿈길

어쩌면 좋을까
달빛을 쫓아가기엔 밤이 너무 짧은 걸
삶의 꿈 모아 꽃송이로 피우면
어떤 바람이 머물다 갈까
원하는 것이 아니란 걸 알면서도
붉게 익은 노을 끝자락 스치는
그냥 산들바람이었으면 좋겠어

때때로 숨어서 훔쳐보던
달그림자 드리워진 그 길에
아득한 삶에도 사랑과 꿈은 있었으니
숨찬 가슴 비집고 들어와
귓속말로 속삭여도
꿈은 그냥 꿈일 뿐

지나온 흔적은 주어진 나의 삶에서
행복의 조각이라고 이르리라

연리지

앞서지도 뒤지지 않는다
서두르지도 않는다
가파른 벽을 오를 때에는
서로 꼭 껴안아 주고
햇살 가리는 것 없이
바람 불 때는 등 내밀어 준다

언제까지나
언제까지나

마음에도 꽃이 열릴 수 있다면
따뜻하게 열리게 할 수 있다면
손잡고 있는 동안
그런 꽃피워낼 수 있을 거야

차례

6 손바느질

외로움

엉겅퀴 가시에게

버려진 선인장

삼배 홑이불

피라미

거미줄의 이해

흰머리 소녀

아카시아꽃

하늬 바람

한지화 | 사이즈 40 x 30

손바느질

1234
그 재미는 쏠쏠했었지
지나고 보니 바늘 하나에도 세월이 있었다
실 끝에 침을 바르고
살살 비벼 말아 시간에 꿰었더니
한 땀 한 땀 삼사십 년 금방 이더라
곱친 솔기 지날 때는 꿰맨 실이 뚝 끊어지기도 하고
마음 놓고 몇 발짝 걷다 보면 바늘귀가
빠지기도 하는 것을 터진 실은
매듭 묶어 새끼들 처진 책가방에 기워 넣고
빠진 실 다시 꿰어
시어머니 허리춤에 꽃 주머니 수놓으며
그리움도 사랑이 되라고 정성껏 꿰맸었지
자투리 시간은 내 것이려니 했더니
그 또한 엄청난 착각이었더라
어둔한 손놀림에
몸 따로 마음 따로 안갯속 꿈을 그릴 뿐

마음먹은 것은 먼저 간 세월이 다 가저 가고
비바람에 젖은 세월 꽃 지고 잎 마른 가지에는
박주가리 홀씨처럼 하얀 노을이라니

한지화ㅣ사이즈 34 x 53

외로움

그런 거였다
서툰 감정 탓이다

조석으로 찬바람 맞을 때는
한없이 울기도 했다
그럴 것인데도
후회하는 기색은 보이지 않았다
더욱이 이런 봄 반기는 날들에
온몸으로 맞이하는 계절 꽃들에
꽃잎들만큼 잊을 수는 있었다

그럴 것인데도
그럴 것인데도

꽃잎이 지면 이파리에
이파리 지면 하얀 눈에
못 잊을 건 잊을 수 없어서
해 질 무렵 걸어오는 하얀 반달을
스스로 보듬어 위로하더라니

한지화 l 사이즈 34 x 25

124_ 혜연

엉겅퀴 가시에게

흐린 날 오후에는
찾아온 뉘라도 보내지 마라
마음에도 없는 가시 돋힌 말로
먹구름 몰려오는 야산 중턱에
홀로 시를 쓰는 마음은 아프다

좋은 것의 끝은 아름다우니
내가 울지 않아야
엉겅퀴 가시의 뒷모습처럼
지금에 후회하지 않는다

버려진 선인장

아찔한 생각이다
그때 못 본 척했더라면
이렇게 이쁜 꽃을 어디서 볼 수 있겠나

어느 건물 한 귀퉁이에 누가 놓아두었을 그를
생명이 위태로워 사랑으로 보듬었다
양지바른 곳에 앉혀놓고 말을 걸어 주었고
오가며 한 번씩 물 준 것이 전부인데

어느 날에 뉘 알았을까나
말이 없고 가시로 살던 것이
환한 얼굴에 꽃분홍 미소 머금고
샛별 같은 눈빛 마주한다

누가 누구를 가르친단 말인가
과하게 다가가지 않으면 상처 주지 않는 것을
그에게도 꽃을 피우는 마음이 있었던 것을
거짓 스승이 너무 많은 세상에서
나에겐 훌륭한 스승이었다

삼베 홑이불

꽃 피고 열매 맺는 동안
가을은 또 얼마나 울었을까요

생각만으로 가슴 저미는 어머니,
더는 부를 수 없어 목소리 떨림 가득합니다
어리광만 부리던 막내딸 쉰 둥이가
어느덧 누구 앞에 꺼내 놓기 민망한 나이를 먹었네요
제 시집가던 날
막내딸 여름 나기 힘들까 봐
고이 넣어주신 삼베 홑이불의 비밀을,
어머니의 깊은 사랑 알지 못해 죄송합니다
돌아드는 강의 물살처럼
흘러 흘러가는 강물에 그리운 그림자는 없었습니다
돌아올 수 없는 강 저편 건너지 못하고
당신이 서던 엄마의 그 자리에 서서
당신의 사랑 뼈저리게 그립습니다

빛바래어도 좋을 칠월이 오면
어김없이 꺼내 덮는 삼베 홑이불
사각서리는 그 소리는
어머니 품인 양 안기어 여름밤 별을 헵니다

또다시 불러보는 그 이름
어머니
어머니

피라미

그 어린 옛적 비개인 오후
언덕 밑으로 흐르는 실개천
설핏 흰 구름 머물러도 좋은 그곳이다

장난기와 웃음기가 한 가득 머금은
그곳에는 작은오빠가 남긴 사랑이 있다

수초로 숨어드는 피라미들이
첨벙거림에 밟힐까봐 옮겨 주고
바라보는 동생이 심심할세라
검정 고무신 벗어 배를 만들어 주었다
같이 타기에는 좁았지만
가득 담긴 사랑을 나는 기억한다
주홍빛 노을 고운 어귀가 멀지 않아
우리를 부르던 어머니 목소리
푸근하게 들리던 별빛에
산새들도 잠 쉬어가던 곳

동네 꼬마들이 갈 때까지 두려웠을
피라미들 잡아 놓아주던 그곳이
아직도 있을까
흘러버린 세월에 그들도 기억할까
오빠와 내가 보았던 그 피라미들
어느 하늘의 맑은 영혼이 되어 있을까

거미줄의 이해

이슬이 깨는 새벽
돌아보는 정원 한 모퉁이에는 다른 세상이 있다
오늘도 예외 없이 꽃과 가지 사이
어수선한 작품들이 군데군데 드리워졌다
지저분하기야 이를 때 없지만
밤새 공들여 짜 놓았을 그네들의 노고를
방해할 수 밖에 없다는 생각은
잠시 손을 뒤로 거둔다
와, 이런 감각이 깨어날 때까지
분명 직녀의 도움이 있었을 것이다
그 섬세함에 또 한 번 감탄한다
그러나
바람이 지나고 벌과 나비가 지나고
작아 보이지 않을 하루살이도
누군가의 끼니를 위해서
누군가는 거두어야 할 것이 있을 터
아마 뉘도 그랬을 것인가

누군가의 공이 늘 누군가에게
도움이 아니라 함정이라면
그건 미완성을 꿈꾸며 사라지는 것이라고
햇살에 이슬 깨지 듯,
어제의 하루가
오늘의 하루와 다르다는 것에
결코 가볍지 않는 생각을 가져온다

누구도 모를 세상이
여기 정원 한 귀퉁이에 있다

흰머리 소녀

올가을바람의 세월 보내고
단풍잎을 보며 그때처럼 소녀가 되었다
바람 자던 붉은 잎에 소녀는 허리를 구부린다
가을의 나뭇잎들이 부드러워지고.
그리 아름답지 않을 것에도
소녀는 팔을 벌리고 상념에 행복해한다
그때 할머니가 그렇게 하신 기억에도
의심할 여지없이 떠나지 않을
침묵의 걸작은 모름지기
세월을 보낸 것이 아니라 고이 받아내는 걸
단풍에 미소 짓는 소녀는 알고 있었다

나이에 부서지는 건 무딘 감정일 뿐
그것을 느끼며 세월에 도망치지 않는다
변하는 건 자연스러운 것이며
자연은 사랑스럽게 보는 삶의 흔적
아마도 그것은 예에 이르게 했을 것이니

올가을에도 물든 벚꽃나무 아래에서
붉은 노을에 단풍잎은
소녀의 눈에 솜털같이 비칠 것이고
하얀 머리카락을 얹고 소녀는 소녀가 되어간다

아카시아 꽃

온종일 비가 내린다
굵은 빗줄기 사이
저만치서 하얗게 걸리고
흔들리는 한 아름의 꽃송이들

처음처럼 설레던 그 마음
마지막 떠날 그때에도
듬뿍 가지고 싶다면 욕심일까

머문 자리는 처음처럼
마지막에도 처음처럼
있어야 할 곳에 있어야 하고
두어야 할 곳에 두어야 한다

하루 종일 비가 내리는 날엔
촉촉이 채우고 싶다
뽀얀 너의 향기로

한지화 | 사이즈 18 x 43

하늬 바람

텅 빈 허공은
원으로 터져나가 모두
너의 자리가 되어 버렸어

꽃과 벌의 입술이
사선으로 맞닿은 순간

화려하게 불태우던 밤의 몸짓을
바람, 너는 기억하니?

서른 둘 찬란하던 하늬바람의
환희에 젖은 만남

노을보다 더 붉게 번지던
꽃의 심장 소리
그 화려함을
바람, 너는 알고 있었니

차례

7 해돋이

단비 단상

인연에 대하여

사랑한다는 말은

가을 지평선

익어 간다는 말

초야에 시든 달맞이꽃

귀향의 시련

희생

칠월 이야기

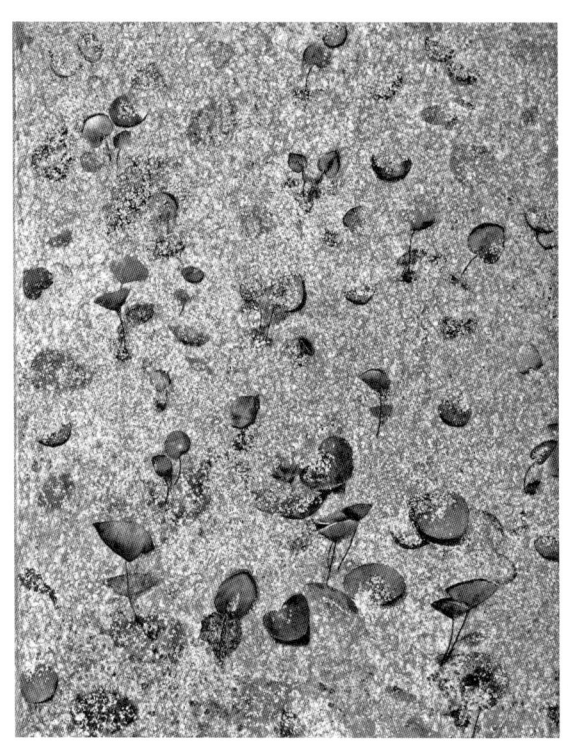

한지화 l 사이즈 65 x 90

해돋이

무엇을 위해 숨을 멈추는가
정적 그리고 순간
온 세상 빛으로 가득 채우고
아무 일도 없었던 것처럼
뭘 원하는지 모은 두 손에 바다가 묻는다

'해돋이를 위해 무엇을 했는가'
'무엇을 위해 왔는가 '
'진정 지난날은 어땠는가'

오늘은 어제에 의존하는 것이니
무엇을 더 바라는가

소원은 뒤돌아보며 스스로 얻을 수 있다
주신 것에 대한 감사, 그리고
시간의 소중함을 깨닫지 못하면
바다는 무언에 답할 뿐이다

단비 단상

어젯밤부터 달가운 소리 들려온다
오랜 가뭄 끝에 오는 비라
소리만 들어도 가슴 따뜻하다
타닥타닥 제법 오는 것 같이 온다
그럭저럭 농작물 해갈은 될 듯하다
화분 몇 개 마당에 내놓았더니
꽃잎도 좋아라 가사 없는 노랫가락
고개 젖혀 흔든다
꼬꼽한 오후 얄팍한 파전하나 붙였다
청한 듯이 찾아온 손님이 반갑다
차 한 잔 앞에 놓고 도란도란 다담이 오가고
바깥은 조용한 소음이 흐르는데
서산을 넘어갔을 해를 짚는다
서로가 서로에게 정을 느끼며
그렇게 삶은 돌아가는 것인가 보다

인연에 대하여

2022년 초가을 어느 날이다

찻집과 나의 지킴이였던
누렁이가 하늘별이 되어 내 곁을 떠났다
사실 몇 개월 전부터
그 아이가 나보다 먼저 가면
어쩌지 하는 염려 때문에
다각적으로 시름을 했었다

더 편한 세상으로 갔을 것이라고 여겨야 했다
그럴 것이다
좋은 곳으로의 회우를 위해서
어쩌면 순조로운 이별이 한편 고맙기도 하다
눈물을 닦아도 미안한 마음 가시지 않는다

한지화 | 사이즈 42 x 31

사랑한다는 말은

사랑하는 사람을 그리워해야 한다
사랑하는 사람을 보고 싶다고 말해야 한다
그리워하며 보고 싶다고 말할 수 있어야 한다

여자는 사람이다
사랑하는 사람이 있다
오늘은 그 사람이 보고 싶다

하지만
하지만
하루 종일 비가 내린다

가을 지평선

풍성한 들녘
나락은 고개 숙이고
햇볕 받은 대추 한 알 닦아 깨물어 보았다
제법 어른이 되어가는 상 싶다
만삭의 물 글라는 핑크빛 딸을 낳았고
꽃을 받아안는 가을은 할 일이 많아졌다
과일들이 하나 둘 붉어가는
아직은 가시지 않는 계절
익어가는 것에는 높고 낮음 없이
지나갈 봄여름이 지평선을 긋고 있다

익어간다는 말

세월에 익어가도 나이는 먹지 않는 걸까
기억할 수 없는 일까지도 기억하는
그 흐름에 짐짓 놀라는 숫자가 있을 뿐이다
그러나 그것도 온전히 내 것은 아니다
지나온 길이 아닌
지금 걷는 길에는
일어나는 호기심 여전하고
걸어보고 싶은 꽃길은 더 많다
세상은 넓고 보고 싶은 것이 많다는 것은
나이를 먹는 것이 아니라
어쩌면 할 일이 더 많아진 건 아닐까

나잇값을 못한다는 어리석은 핀잔에도
오늘 하루도 살아있음에 감사할 줄 알 때
나이는 끝을 준비하는 것이 아니란 것을,

걷다가 멈추는 날까지
신발 끈 조이며 길을 나설 때만이
나이를 넘어설 수 있다

초야에 시든 달맞이꽃

갯벌에 묻어둔 이름 하나
가슴 한 켠 그리움으로 출렁인다
하얀 눈썹 달 검은 물에 띄워 놓고
뚝방길 물끄러미 달맞이로 서있는데
산허리 넘어가는 뒷모습이
슬프다

차서 돌아올 땐 낯설어 어쩌누
시들어 누운 얼굴 몰라보면 어쩌누
향기먹은 입술 야무지게 다물고
이제나 저제나 하늘바라기 하네

큰언니 새색시일 때 일나간 형부
검은 마음 희어지도록 감감하네
그래도 기다리는 달맞이꽃
붉은 햇살에 시드네
아쉽게 시드네

귀향의 시련

오래전
망망대해에 작은 배 하나 돛을 올렸다
변화무상의 바다 위를
흰 돛대 펄럭이며 바람을 안았다
끝이 보이지않는 길 어디에
실금 한 줄 그으며
하늘과 맞닿은 수평선 끝의 삶에 집중했다
들과 산에 구름사다리 하나 놓았을까

찬란한 아침의 빛을 향해 달리던 배는
이제 어디쯤 지나고 있을까

지금쯤
닻을 내릴 때도 되었을 텐데
항구에 돌아오지 못한 채
어느 낯선 곳에서 밤을 지새는 건 아닐지…

한지화 I 사이즈 25 x 34

150_ 헤연

칠월 이야기

유록빛 허리 가녀리더니
배부른 흔적 없이 주렁주렁 탐스럽다

하얀 꽃 열릴 그때가
엊그제 같은데 어느새 칠월 이야기다

그냥 칠월은 아닐 게다
이른 봄 눈 녹지 않는 곳에서도 움을 틔웠고
시샘 바람에도 아리도록 하얀 꽃피웠었다
뙤약볕에 갈라진 줄기에
느닷없는 벼락과 천둥 소나기를 보냈던 것을
바람은 기억할 것이다

희생

양지바른 처마 밑 반그늘 아래
꽃구름 아씨 그네를 탄다

해마다 붉은 시월이
개울물 뿌리 만지면
알몸으로 내걸리는 모진 사연

쌀쌀한 갈바람 온몸으로 삼키며
인고의 시간에 옛 모습 잃어가도

우는 묘목 자라 큰 초록 만드는 모습에
'참길 잘했다'
그 그늘에 웃음들이 모여 화안 하다

차례

8 늦가을 비는 붉다

詩꽃 피우는 여자

기다림을 녹이다

댓잎에이는 바람소리

연愛

복사꽃

흐르는 걸음

본향

눈 쌓인 아침

휴식

작은 소녀의 호미 이야기

한지화 l 사이즈 21 x 30

늦가을 비는 붉다

내 나이 이제 고작 일흔 남짓
막걸리 한 사발 벌컥일 수 있는 나이
오늘같이 요상한 바람이
내 몸을 휘저을 적에
카키색 레인코트 깃 세워 오는 바람
그 바람의 품에 안기리라
진흙구덩이 억새풀밭이라도 좋다
가을비 소리없이 내리는 한 밤에
주머니 속 깊숙이 두 손 하나 되어
반쯤은 기대인 채 밤새워 걷고 싶다
한 잔의 술이 바람 부를 때
그 바람이 되었다
한 잔의 술이 되었다

그 누구라도 그러하지 않겠는가
이 비 아래에서는…

한지화 | 사이즈 13 x 26

詩꽃 피우는 여자

푸른 하늘에 두 번 사는 여자
초록 숲속에 詩꽃을 피우네

詩를 외는 일은
바람에 바람을 포개는 일

풀잎에 매달린 詩는 이슬
詩가 핀 아침은 행복이여라

한 방울 두 방울 따모으면
詩꽃이 활짝 필 것 같아

여자는
오늘도 내일도 아니
하늘나라에서도
詩가 핀 꽃밭에 물을 주리라
붉은 시 노랑 시 하양 시 가득 피워
그대 창 앞 화안하게 밝히리라

기다림을 녹이다

바람기 하나 없는 쌀쌀한 오후
쩡 얼음장 우는 소리에 가슴 두근두근

혹 님의 발자국 소린가
눈은 저만치 빛 따라가고 있다

계곡 옆 버드나무
아직 감가무레한데
어디로 오시는 걸까

어머나!
어느새 내 님이 오셨나 봐요
앞마당 동백나무에 맺힌 그것에
붉은 産氣가 비쳐요

댓잎에 새긴 바람소리

비오면 마음이 젖고
바람 불면 그리움에 휘어지네

비에 젖은 푸른 마음 해 나오기 기다리며
근근히 매듭을 만들었네

위를 보고 올라가던 지난 날
반평생 훌쩍 넘긴 오늘에서야
대숲에 이는 바람소리의 까끌함을 느끼네

흐르는 시간의 걸음소리와
인연 스치는 바람소리가
들리고 보이는 모두
스승이라 이르네
바람이 속삭이는 소리에
가억에서 꺼낸 옛사랑에 젖네

연愛

연분홍 철쭉 분단장하는데
햇살 고운 백주 대낮
난데없이 날아온
검정 양복 입은 신사가
여기저기 꽃 가슴에 코를 박는다

한참 앉아 더듬대다가
또 다른 꽃에 파고들어 꽃방마다
자고 간다
동작이 하도 빨라 혼낼 수가 없구먼

그나저나 내 짐작 내려놓고
철쭉에게 물어볼 일이다
그래도 기분 괜찮았어?
좋았지?

빙그레 웃는 웃음에
내가 짜릿하다

복사꽃

문풍지 떨리는 소리에 놀라
덜컹 가슴 내려앉는 때가 있었지
천둥번개 장대비 쏟아지는 밤
느닷없이 들어서는 바람
먹구름 들판 가득 어둠 속에 헤맨 밤
그때도 오늘처럼 밤새도록 비가 내렸지
아, 은은한 커피향에 묻어온 바람이여
이 봄 어떤 빛으로
저물어가고 있는지
복사꽃은 봄비에 젖어 붉었는데

흐르는 걸음

한 발 한 발 옮기는 걸음에 감사하며
청정한 소나무를 지나 실오라기 하나
걸치지 않은 자작나무 등에 기대
숨찬 걸음 돌아본다

푸르름을 뽐내는 소나무 옆에 서서
기죽지 않는 의연함, 계절 앞에 고개 숙여
떠나야 할 때를 알고
홀연히 떨어질 줄 아는 지혜 있어
등대고 서 있어도 편안함을 주는구나

지팡이에 의존하지 않고 쉼 없이 걸어온 길
자작자작 걷다 보니 등 내어 줄 수 있는
고목이 다 되었구나
나에게도 누군가 편히 쉬어갈 수 있는
나무였음 참 좋겠다
너처럼

본향

계절을 물고 오는 술렁임에
풀은 고개 흔들고
갈 빛에 바래지는 솔잎은
풀벌레 소리에 떨고 있다
회귀의 때를 몰라도
오고 가는 건
또 다른 만남의 약속인 것을
갈색 눈물은 알고 있다

이 삶 받아들여야
받을 수도 있었던 게다

눈 쌓인 아침

어머나
나 어쩌면 좋아
매섭게 내리쬐는 햇빛이 미워
작은 손바닥으로 하늘을 덮어본다

녹아내리는 눈은 물이 되어서도
나를 잊지 않겠다지만
기다리는 건 너무 막연하다

강열한 빛의 힘을 이기지 못하고
묻어나는 초경의 흔적들

가슴 동여맨 행간마다
연이은 눈꽃 브래지어 속
매화 속치마 같은 詩꽃이 피네

어머나
나 어쩌면 좋아

한지화 | 사이즈 16 x 26

휴식

때로는 너무 앞선다
푸른 목청으로 생떼를 써 봐도
흙더미를 감싸고 눈을 감아주며
꽃밭은 알고 있었다
마음으로 가다듬으며
거스를 수 없음이 있어
절기를 이길 수 없고
기다려야 한다는 것을,
돌아올 봄을 위해
충분히 쉬어야 한다는 것을

작은 소녀의 호미 이야기

그 푸른빛은 작은 소녀의 꿈이었을 게다.
끝이 보이지 않던 넓은 보리밭 김매던 아주머니들을 따라 해보고 싶어 눈이 반짝이던 작은 소녀가 있었다.

호기심이 남다른 소녀의 아버지 마음은 이미 읍내 대장간에 가있었고 아마 나도 할 수 있다는 자신감이 넘쳐 어른 흉내를 부려보고 싶었을 게다.

막내딸의 호기심을 눈치 채신 아버지께서는 물끄러미 바라보시었고 다음 날 작은 소녀의 손에는 이 세상에서 가장 작고 깜찍한 호미 하나 쥐어졌다.

읍내 대장장이의 손은 바빴을 테고 세상을 손에 쥔 듯 신바람 난 소녀는 지심은 살려 놓고 푸른 보리만 골라 사래긴 두어 고랑 뉘 말릴세라 죄다 매어놓고 세상 구한 듯 기뻐하는 막내딸 손을 잡고 대문을 들어서시며 정지 간을 향해 큰 기침소리 한 번 내시더니, 허 허

"야 오늘 큰일 했으니 밥 많이 줘라" 하시었다.

　호탕한 아버지의 웃음소리는 한동안 사랑방 이야깃거리로 끊이지 않았고 일 저지른 줄 모르는 소녀는 할 일은 했다는 표정으로 어리광이 하늘에 닿았으니 보리밭의 푸른 바람이 온 동네를 휘저었을 것이다.

작은 소녀의 손에 든 호미 이야기는 청 보리밭 바람처럼 멀리멀리 흘렀는데도 휘영청 보름 달 계곡물에 뜨면 그 어릴 적 뒤 거랑의 추억이며 보리밭 스토리는 어른이 된 지금도 생각만으로 눈물이다.

　아니, 그런 거였겠지
　대장간으로 달려가신 추억 속에 묻어있는 아버지의 따뜻함이었던 것을 소녀는 아마 생각만으로도 눈물일 게다.
　그 출렁이던 푸른 소리는 어떤 빛으로 익어가고 있을까!

작년 가을 아이들과 이곳을 지내며
특별한 공간이라 생각했었어요.
비슷한 시기, 1년뒤 들러 보게 된 이곳은
정말 특별한 곳이었네요!
아담하고 아늑한 정원과, 소박하지만 아름다운 꽃들,
화폭에 담긴 아담한 꽃들과, 한지 위에 쓰여진
정결한 글씨까지, 모든것이 작가님의 세어와
참 많이 닮았습니다.
잠깐이지만 시 낭송회를 일으며 저도 모르게 울컥
했습니다. 마음 속에 떠오른 말들은, 시로 옮기기
쉽지 않지만 작가님께서 시간을 붙들어 두고 힘이 있는 것
같습니다. 작가님께서 쓰신 시를 읽으며, 방금 전
찬찬히 둘러본 작가님의 그림이 떠오를 것
들이 정말 자애에서 그런것이겠지요!
머물다 가면서 마음이 한 가득 채워져 감사합니다.
건강하시고, 앞으로도 좋은 작품
보세요, 그리고 길 내년 이맘때에
또 찾아 올 수 있기를 바랍니다.

2018. 9. 25.
Antoi 엄마
혜연

세아이 엄마의 흔적

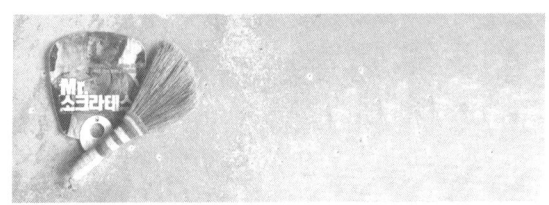

25년의 동반자

혜연님께 드리는 글

인생은 시간이 지날수록 하나 둘 세상을 등지고 살아가는
것이라 하는 수 없는 한숨을 쉬게 된다. 조금씩 더 길어지는
하루를, 한 달을, 한 해를 곱씹다가 조금씩 옅어지는 사물
이며 풍경이며 어찌하나 하며 삐져나온 가지에 가위질이나
하며 흰 머리카락을 쓴 약물로 버텨 살아가는 듯하기만
한데
세상이 즐겁다 하신다. 그분
지금이 가장 행복한 시절을 산다 하신다.
남자인 나와 둘만 있어도 누구 하나 손가락질 않고
더러는 욕을 담아도 절대 저속하지 않는 지금이
제일이라 하신다.

글쓰기를 좋아하신다. 그분
모든 풍경이 눈앞에서 그려지는
산수화 한 폭씩을 글로 그려내신다.
그 시절의 추억을 땅바닥에 그려놓고
하나씩 들쳐 보여주시고는 해맑게 웃으신다.
길바닥에 자갈을 주워다 깨끗이 씻으시고
하나하나에 돌다리를 만들어놓고 나의 손을 잡고
따라오라는 글에 티끌 하나 없는 삶을 그려 놓으신다.

안나갤러리 카페

오목지게 틀어놓은
자그마한 둥지에 들어서
따스한 차 한 잔 앞에다 두고
음악의 여운 따라
안나를 찾아 나선다

지나간 구석에나 조금씩 남긴
삭아서 사라지는 사연을 모으길래
아름답지 않은 것이 무엇이랴
하며 바라보는 창가로
늙은 시인의 손에서부터
사각이는 펜 소리
너는 그리고 나는
계절을 잊어가는 공간에
그저 머무는 사연이 되고
스치는 인연으로 남았을까 돌아보면
그 자리에 남아 웃음 웃고 있다

당신을 존경합니다.
캘리그리피 작가 **윤필 이종재** 드림

'〈그래 그랬구나〉의 서평을 대신하여'

정경문화원 정항석 박사

　이글은 저자의 자서전적 삶에 대한 회한을 비평적(Review)인 측면에서 필자가 다가가는 것임을 먼저 밝힌다. 우선 전제될 것은 이렇다. 독자의 자의적 느낌 혹은 냉철한 문학적 비판과 평론에 앞서 그러한 것에 대한 기준의 선점으로 삼았다는 것이며 이 리뷰가 그러한 기능과 역할로 제시되기를 바란다.

　삶이 그렇다. 어떻게 살아도 주관적 해석의 범위를 넘지 못한다. 그러한 것들을 문학적 관점에서 들여다본다는 건 막힌 길에서 멈추어 서성이는 것처럼 다가오기도 한다. 더러 누군가의 일생을 읽거나 들었을 때 무언가 해주고 싶으나 개개인의 삶을 다수의 것으로 풀어내기가 수월하지 않으며 대체로 그럴 수도 없으므로 섣불리 위로와 위안을 개입시킬 수도 없다. 그럼에도 불구하고 총체적 시각에서 〈그래 그랬구나〉에서 보이는 요소는 다음과 같이 분명하다. 먼저, 스스로 자위적 통로에 넣어 그동안 살아온 i) 자신의 삶을 긍정적으로 반추하려 한다(tries to reflect on his/her life positively)는 것이다. 더불어 그것이 얼마나 앞으로의 삶에 효율적이며 효과적일지는 미지수이나 적어도 ii) 내일을 향한 심리적 통로는 밝은 빛을 발산할 희망을 안고 있다(hope). 그리고 iii) 지나온 삶의 자취가 넘치게 가지고 싶은 과욕에 부화가 걸려 오류가 있었든 혹은 그렇지 않든 앞날을 향한 걸음에는 '이로움으로 작용시킬 수 있다(worked advantageously)'는데 주목의 요소가 있다. 이 글은 이 세 가지에 기초하여 아래와 같이 나열한다.

  필자는 클로버가 많은 곳에서 네 잎의 클로버를 못 찾았다고 실망할 필요는 없다는 말로 리뷰를 출발시키고 싶다. 행운이 있어야 하는 삶이 과연 좋다고 말할 수 있는가! 그것 없이도 살 수 있는 평범한 일상이야말로 이미 행복이기 때문이다. 〈솜다리 사연〉에서 저자가 가지는 일상의 평범함이 그렇다.

  허물없이 사는 사람 몇이나 될까/
  후회 같은 건 하지 말자/
  우린 살아 있잖아/

그리고 넘치도록 채운 적도 없잖아/
들풀을 볼 수 있는 지금이/
얼마나 소중한지 우린 알고 있잖아/
시샘 바람에 떨고 있는 맺은 꽃이 안 서러워/
차라리 빨리 피고 져버렸으면 좋겠다 싶어도/
우린 하늘을 원망한 적 없잖아/.../
우린 또 그렇게 그렇게 사랑할 테니/

   이 작품에서 저자가 어떻게 살아왔는가를 슬쩍 엿보게 한다. 여성적 정체성을 꽃으로 나타내며 여성으로서 살아온 것에 순간적 원망도 담겨 있다. 그러나, 일상을 행복과 희망찬 날들로 점철하지는 않았어도 그러한 측면에서 서려는 것이 짙다. 그리고 이루지 못한 삶이 아프지 않도록 스스로 다독인다. '우린...그렇게 사랑할 테니'라는 표현은 비유적이지 않으나 애틋하게 독자의 가슴을 울리게 한다. 물론 이러한 표현은 주관적 토로로 보는 것이 맞다. 그러나 이러한 것들이 저자만의 것은 아니라는데 공감을 얻을 수 있다는 데 주목할 필요도 역시 존재한다. '어떻게 그리고 왜'라는 측면에서 특정의 일화는 누락되었으나 공감의 범주를 넓혀주며 한국의 근대화와 사회화 과정에서 여성들이 가지는 사회적 참여에 대한 제한이 〈엄마라는 두 글자〉

에서 얼핏 보이고 있기 때문이다.

엄마라는 이름으로/
참 먼 길 돌아왔어라/
또다시 엄마가 되어도/
웃어줄 이들 있음에 사랑이라 말하리라/

그것이 저자가 이르고자 하는 주제가 아니라는 데 다수의 공감력을 획득하는데 실패했더라도 주관화에 대한 1인칭적 관심과 지지할 표시를 하는데 충분하리라 본다.

실상 늦게 핀 꽃의 향기가 더 진하다고 말할 수는 없다. 하나, 마라톤에 비유되는 인생에서 완주한다는 건 분명 박수 받을 일이며 칭찬할 거리다. 〈휴식〉이 그렇다. 하고 싶으나 환경이 뒷받침되지 않으며 쉬이 뜻으로만 살기 어렵다는 건 살아갈수록 더 다가온다. 다 아는 것이나 또 쉬이 마음에 새기기도 쉽지 않다. 그래서일까! 나이든 것과 무관하지만 저자는 이러한 요소를 많은 작품에서 자주 누출하고 있다. 단지 쉬어야 한다는 것이 아니라 지난날을 되돌아보고 갈 길을 재검점한다는 것도 함유하고 있다.

때로는 너무 앞선다/
푸른 목청으로 생떼를 써 봐도/
흙더미를 감싸고 눈을 감아주며/
꽃밭은 알고 있었다/
마음으로 가다듬으며/
거스를 수 없음이 있어/
절기를 이길 수 없고/
기다려야 올봄을 위해/
충분히 쉬어야 한다는 걸/

물론 우리는 안다. 이러한 표현은 사회를 향한 선언은 아니다. 저자 자신을 위한 다짐이다. 굳이 세월을 서둘러 맞을 것도 아니며 보낼 것도 아니라는 메시지다. 다만, 사회적 관념이나 통념을 들이밀지 않아도 바쁘게 서둘러도 때가 되어야 할 수 있고 알 수 있는 것이 있다고 경험자가 일러준 것으로 보면 무방하다. 경험의 누적에서 오는 것이나 저저는 한 번 더 이를 짚어주기 때문이다. 가을에 열린 과실수를 봄에 쳐다본다고 될 일이 아니라는 나이의 흔적이다. 또한, 언제 어느 때에 쉬어야하고 쉬지 않을 것임을 수용하고 있다. 삶의 긍정성이다.

반복되거니와 이 시집은 필자의 1인칭적 관점에서 투사

된 감성의 모듬이다. 틀림없이 그렇다. 그렇다고 혼자만의 사색을 위한 것이라면 문학적 요소를 상실할 것이다. 그러기에 앞서 언급된 i), ii) 그리고 iii)의 측면을 도외시할 수는 없다. 그렇다. 누군가의 사연을 듣고 고개를 끄덕이는 것은 자신의 경험과의 동화를 뜻한다. 푸름과 청록의 수목이 같지는 않으나 닮아 있는 것이라면 그렇다. 다음의 작품은 저자가 앞날에 대한 것을 온전히 긍정성으로 그리고 희망적으로 보는 것이 저절로 되지 않는다는 것을 〈갈대꽃이여 안녕〉에서 알리고 있다.

혼자 산다는 것은/ 물안개 너머로 오는/
풍요로움을 즐기는 일이기도 하다/.../
이제는 홀로 걸어가야 할 때/
은빛 갈대꽃 자유를 노래하고/
처마 끝에 떨어지는 물방울 소리에/
조용히 두 손 모은다/

누가 뭐라고 해도 삶은 혼자가 엮어가는 예술이다. 이런 면에서 우리는 이러한 선언적 문구에 이율배반이 숨겨져 있음을 놓치지 않는다. 저자 역시 이를 은익하거나 숨기지 않는다. 매우 자연스럽게 자연의 생명체가 그러하듯이, 그리고 동시에 경험의 누적이라고도 할 수 있는 자연의 순응

적 모습을 고이 드러낸다. '자유를 갈구'하면서도 처마 끝 물방울 소리에 '조용히 두 손 모으며' 늘 그랬던 것처럼 자신이 얻어야 할 것을 위해서 '갈대꽃'처럼 변해가는 모습에도 자신이 해야 할 것을 잊지 않고 있다. 위축되는 생활에도 이타성을 허물지 않기 위해 자신의 길을 조용히 추구하는 것이다.

 예서 생각하자. 언어의 미학적 예술로써 시(詩 poem)란 무엇인가? 이에 대한 답을 찾는 것은 어렵다. 그렇다. 허나, 그렇고도 회피할 건만은 아니다. 하여튼 이렇게 저렇게 생각해도 같은 어휘, 낱말, 그리고 단어 등으로 어떻게 표현하는가에 따라 그 차이로 나타내어 언어를 표현하는 예술의 한 양식으로 시가 인문학에 차지하는 것은 그 오랜 시간만큼 다양하다. 포괄적인 측면에서도 시학(詩學)이 언어와 문자 그리고 기호 등으로 예술성을 구현하기 위한 미학적 요소를 발견하는 것이라면 더욱 그렇다. 그러한 범주에서 '어쩌면' 그리고 '아마도'도 아니고 '부족하기'보다는 '담을 수도' 또 '견주는 것도' 할 수 없다. 분명 그렇다. 무엇이 미학적 요소로 어떻게 승화되는지도 누구도 함부로 재단할 수 없다. 다만, 주관화의 개관적 투사를 굳이 어렵게 할 것인가 하는 투정에도 우리가 생각할 건 적지 않다. 기존의 영역을 허물자는 것은 아니다. 다만, 아름답고 고우며 관계의 응집력을 줄 수 있는 어휘들을 사용하므로써 평범한 일상 속에서 순수의 주관화가 가지는 의미를 고려할 필요는 있다. 사막의 한 송이 꽃에게도 그 의미는 남다를 수 있기 때문이다.

예컨대, 흘러간 것에 대한 추억이 아름답건 그렇지 않건 가슴에만 간직하며 두고 싶지는 않을 건 많다. 그래서 가슴에만 간직하고픈 것이다. 아프기 때문이다. 그 아픈 곳을 치유하기 위한 대안으로 그럴듯하게 가리기 보다는 기억했던 것들을 아름다움으로 승화시키려한다면 지난 삶의 흔적들은 삶의 주요지표로 재조합 될 수 있다. 너무 아파서 잊지 못한 그리움도 사랑이라면 그렇지 않을까! 〈우리 둘〉이 그렇다. 필자가 지난날에 저자의 느꼈던 것을 다 알 수는 없다. 사실 그럴 것도 없다. 독자의 하나로써 필자 역시 그리고 누가 들어도 저자의 온전한 삶을 이해했다는 건 납득되지는 않을 것이다. 허나, 구름 사이로 새어드는 빛이 아름답도록 그립다고 하면 그럴까!

너는 나를 보고/ 나는 너를 보며/

모자라서 오래 사랑할 수 있다면/
난 기꺼이 모자란 채로 살겠어/
지금 이 순간 살아 있고/
우리에게 사랑이 넘치게 있잖아/

이 얼마나 아름다운 선언인가! 미학적 예술의 추구는 때로는 환희와 같은 환대를 갈망하는데 있다. 부족한데서 오는 상실감을 사랑으로 채우며 삶을 영위하겠다는 저자의 긍정성의 발로이다. 상실의 요소를 상쇄할 재료로 담아두는 지혜가 재확인된 셈이다. 단지 표현으로만 그쳤을까 하는 의구심마저 들만큼 실천적 요소를 확인하는 것은 저자의 몫으로 돌린다 하여도 '모자라서 오래 사랑할 수 있다면'은 물질적 충만이 정신적 혼돈으로 이어지는 요즈음에서 되풀이되어도 좋을 듯하다. 이러한 표현은 읽은 이로 하여금 자성적 시각을 준다. 이러한 풀이는 저자에게 해당할 것이나 〈어머니의 손톱 I. II〉 그리고 〈어느 눈물에는〉에서도 짙게 드러난다.

물론, 〈그래. 그랬구나〉의 제목이 주는 뉘앙스는 어떻게 읽느냐에 따라 달라진다. 모든 걸을 다 받아주는 것인지 아니면 체념하는 것인지는 저자만이 알 것이다. 긍정성의

시각에서 보자면 그러한 대목을 짐작하게 하는 〈노송 I.II〉
이다.

 소나무는 말이 없고/
 나는 잠시 그의 등을 빌린다/

실상 소나무는 저자의 정체성을 뜻한다고 볼 수 있다. 그러나, 저자는 노송이라고 제목을 붙이고 본문에서는 소나무라고 하였다. '나이 들었다'라는 걸 감추려 하지는 않았지만 굳이 나타내려 하지도 않았다. '그의 등을 빌린다'라는 현 시점에서 자신을 수용하려는 것으로 현재적 관점에서 보아 자신의 형편을 귀추(歸趨)하는 시간을 가지고 있다는 것을 보여준다. 이런 상념의 응집은 〈괜찮아〉로 이어진다.

 그래도 괜찮아/
 혼자는 혼자가 아니야/
 이렇게 내 마음 들여다보고 말 걸어주는/
 달빛, 네가 있잖아/

살면서 한번쯤 아프지 않을 삶은 없다. 저자는 이를 넋두리하고 있다. 뭐 그렇듯이 푸념이라고 해도 개의치 않은 듯하다. 꽃도 그렇고 빛을 쏟아내는 별도 그렇다. 각기 자기의 빛의 농도와 채도만큼 빛날 것이지만은 이를 바라보는 이들은 꽃과 별에 대하여 각기 자기가 받아들일 만큼 각자의 상념으로 포용할 것이다. 그리고 잊지 않을 것은 〈지금처럼〉과 곳에서 같은 앞서 언급했던 마음일 것이라고 필자의 상념이 머문다.

> 살아있는 것은 아름답고/
> 아름다운 것은 살아 있어라/
> 처음처럼은 아니더라도/
> 지금처럼 안부를 묻는 건/
> 살아있음을 확인하는 것이고/
> 그러기에 지금이 가장 아름다워라/
> 소중한 지금이다/
> 가만히 있을 수 없어/
> 존재하는 뉘라도/
> 지금처럼/ 감사하다는 말을 전한다/

아름답도록 슬플까! 과연 이러한 감정이 가능할 것인가! 이 작품은 저자가 병상에 있을 때 가지던 느낌을 옮긴 것이다. 몹시 앓던 이들은 쉬이 공감할 것이다. 저자는 자신의 일이나 누가 알아주기를 바라는 것은 아니다. 따라서 전체적으로 희망의 속성은 아니라고 하여도 어휘들에서 비춰는 2차적 해석을 건져야 한다. 삶에 대한 본능적 승화까지는 아니어도 존재하는 것에 대한 인위적 증발은 시키지 않으려 했다는 데 다시 읽게 하고 있는 탓이다. 〈오래된 감나무〉 역시 그렇다.

작년과 다르게/
나뭇가지는 기울어져도/
그 오래된 감나무에도 꽃은 핀다/

다만, 공감의 항목에 해당할 수 있는 있으나 표현의 감동을 동반한 공유의 경계에 이르지 못함이 아쉽다.
늘 그러하듯 얼마나 더 세월을 보낼지 알 수 없다. 여전히 그럴 것이나 자기 안에만 갇히지 않으려 한다면 이타성을 확보할 수는 있다. 옆에 있던 꽃들이 향기를 피우지 못했다면 같이하려는 마음을 보이려는 것만으로도 주변과의 어울림에 동참할 수 있기 때문이다. 그것이 사는 방법이라는 것을 늦게라도 알게 된 것을 보여주고 있다. 이러한 것은 '팔을 벌리고 상념에 행복해한다'라는 〈흰머리 소녀〉와 〈아카시아 꽃〉에서 드러나는 바, 지내온 날의 회한과 추억과의 회우를 그저 가두지 않고 노출하려는 자의적 풀이에 따른다. 필연, 저자의 인식론적 고백일 것이다. 〈익었다는 말〉 역시 그렇다. 『그래 그랬구나』의 작품들을 읽으면서 결론에 해당하는 것은 무엇일까 하는 필자의 관심은 여기에 머물렀다. 정작 저자가 하고 싶은 것이다. 이를테면 다음과 같다.

그것도 온전히 내 것은 아니다/ .../
오늘 하루도 살아있음에 감사할 줄 알 때/
나이는 끝을 준비하는 것이 아니란 것을/
걷다가 멈추는 날까지/
신발 끈 조이며 길을 나설 때만이/
나이를 넘어설 수 있다/

세상을 향한 포고는 아니다. 그저 소소하게 웅크리며 자신에게 하는 속삭임처럼 '그래. 이 나이에도 나는 할 거야', '아니 할 수 있어'라는 자기 주문적 노출이다. 참으로 순수하다. 삶과 지내온 그 흔적들에서 더 아름답게 보듬고 다듬어야 할 것은 더 있다는 희망과 긍정성이다. 읽는 이로 하여금 생각거리를 주고 있다. 일상의 평범함이 주는 원동력으로 풀이된다. 굳이 난해하거나 풀이하기 쉽지 않은 사색의 늪과는 멀다. 저자의 그 생각이 이기적이지는 않다. 순수함은 나이와 별개의 것이라는 생각이 든다.

누구라도 그럴 것이다. 세월에 대한 미련이 없는 이는 없다. 어떻게 생각하든 지나간 것은 돌아오지 않는다. 그건 변함이 없다. 다만, 세월은 독이 아니라 약이기도 하다. 이 때문에 필자는 저자를 포함하여 독자에게 자신이 가지는 상상력에 정원을 꾸며보라고 권하고 싶다. 형편에 따라 이 부고자 하는 의지의 결과가 늦게 나타날 수는 있어도 늦게 핀 꽃에도 향기는 분명 있다. 누구나 세월을 허투로 보내려는 이는 없기 때문이다. 이런 면에서 늦깎이로 글쟁이의 대열에 들어선 용기는 가상하고 그 뜻에 빛은 피어나리라고 이르고 싶다.

또한, 필자는 말하고 싶다. 지나간 세월과 그 흔적에 시로 인생을 엮는 일은 나름 의미가 있다. 비록 수많은 사람들이 선택하고 권하며, 그리고 수 세월에 걸쳐 무수한 이들이 읽는 작품은 훌륭하다. 비단 그렇지 않다고 해도 좋은 뜻으로 시작된 작품은 그것으로도 가치는 충분히 조건을 만족시킬 수 있다. 커다란 이정표와 같은 돌은 아니더라고 큰 돌과 큰 돌 사이의 빈틈을 채우는 조약돌의 그 쓰임은 결코 작지 않다. 그러면 된다고 이르고 싶다. 소소한 행복감을 느끼며 희망과 긍정성을 품고 사는 이들의 삶은 아름답게 익어갈 것이기 때문이다. 이런 면에서 시(詩)에 대한 관심을 뒤늦게 가지게 된 것은 행운이라고 말하는 저자의 글쓰기 관심에 격려와 응원을 보낸다. 기실 저자도 아는 것이나 노파심에 언급하자면 글쓰기의 완성은 기초에서 출발하고 그곳으로 다시 되돌아온다는 것을 새겼으면 한다. 첫술에 배부르지 않듯이 익숙하지 않는 것은 시도할 시간이 짧음에서 오는 것일 뿐 끼적이고 여러 번 읽고 또 읽으면서 퇴고의 과정을 거치는 것은 그만한 보상이 수반된다.

또한, 주관적 집념과 기호, 싱징, 그리고 어휘들의 나열 등 객관적 요소는 차별화되는 것이기에 차후 이의 거리를 좁히는데 관심을 둔다면 군데군데 보이는 문단과 행의 위치에서 보이는 부조화를 다듬는데 큰 도움이 될 것으로 사료된다.

누구라도 그렇다. 젊은 날의 초상화처럼 마음에 부풀어진 상상력과 비구상의 아름다움을 기록물로 우려내고 싶을 것이다. 점점 세월을 보내고 그 흔적들이 부끄러운 것이어도 자신의 것이고 그것들 모두 소중한 삶의 자산이기 때문이다. 이에 찬사를 보내며 『그래 그랬구나』를 통해 지나온 세월에 대하여 반추해볼 기회는 저자만이 아니었다고 리뷰를 마치고 싶다. 시를 끼적이면서도 인문학이라는 거창한 범주에서 얼마나 멀리 그리고 가까이 있는지 보다는 『그래 그랬구나』가 따스한 마음으로 내어주는 것에서 출발했다면 그것으로 언어의 미학적 예술로써 '시(詩 poem)란 무엇인가'에 대한 온전한 답이 되지 않아도 해답을 찾는 데 도움은 될 것으로 미루어 짐작된다는 말도 뺄 수 없다.

 끝으로 나와 누군가를 포함하여 뉘라도 지나온 삶은 별반 다르지 않을 것이다. 또한, 지내온 세월은 결코 무심하지 않았을 것이다. 인생이란 때론 아픔이고 때론 기쁨이지만 아픈 날보다 기쁜 날이 더 많을 것이다. 마음먹기에 달렸어도 그렇게 믿어야 산다. 주지하다시피 지금 이 순간은 늘 새로운 향기를 피울 수 있는 시간이다. 행복은 나이와 무관하며 뜻을 가지고 앞날의 희망에 긍정성을 더하는 곳에 행복이 있었다. 이를 새삼 알려준 『그래 그랬구나』에 감사를 전하며 보다 많은 이들에게 저자의 순수한 마음이 아름답게 전해지기를 바란다.

그래 그랬구나

| 발행일_ 2023.07.03
| 인쇄일_ 2023.07.04

| 지은이_ 혜연
| 사진, 한지화_ 혜연
| 사진_ 정미경
| 편집_ 제이비디자인
| 발행처_ 도서출판 제이비
| 주소_ 전주시 덕진구 서가재미1길 18-5
| 전화_ 063-902-6886
| 이메일_ jb9428@daum.net

값 15,000 원
03800

ISBN 979-11-92141-36-7

| 파본은 구입하신 서점에서 교환해 드립니다.
| 이 책은 저작권법에 의해 보호를 받는 저작물이므로 무단전재와 복제를 금합니다.